BIBLIOTHÈQUE THÉATRALE

Auteurs contemporains.

ÉLISABETH

ou

LA FILLE DU PROSCRIT

DRAME LYRIQUE EN TROIS ACTES

Tiré du roman de Mme COTTIN.

PAR

MM. A. DE LEUVEN ET BRUNSWICK.

Musique de G. DONIZETTI,

Mise en ordre par M. FONTANA, son élève.

Prix : 1 franc.

PARIS

D. GIRAUD, LIBRAIRE-ÉDITEUR,

7, RUE VIVIENNE,

ET CHEZ LÉON ESCUDIER,

21, rue Choiseul.

1854

ÉLISABETH

OU

LA FILLE DU PROSCRIT

DRAME LYRIQUE EN TROIS ACTES

Tiré du roman de M.me COTTIN.

PAR

MM. A. DE LEUVEN ET BRUNSWICK,

Musique de G. DONIZETTI,

Mise en ordre par M. FONTANA, son élève.

REPRÉSENTÉ POUR LA PREMIÈRE FOIS A PARIS, SUR LE THÉATRE LYRIQUE,
LE 31 DÉCEMBRE 1853.

PARIS

GIRAUD, LIBRAIRE ÉDITEUR,

7, RUE VIVIENNE,

ET CHEZ LÉON ESCUDIER,

21, rue Choiseul.

1854

PERSONNAGES :

Le comte ALEXIS VANINKOF, exilé en Sibérie.	MM. TALON.
MICHEL, courrier du gouvernement	P. LAURENT.
Le GRAND DUC	COLSON.
IVAN, exilé	JUNCA.
OURZAC, chef d'une horde de Tartares . . .	CABEL.
KISOLOFF, pêcheur	LEROY.
ÉLISABETH, fille du comte Alexis	Mme COLSON.
LA COMTESSE, sœur aînée d'Élisabeth	PETIT-BRIÈRE.
MARIE, mère de Michel	VADÉ.
NIZZA, jeune aubergiste, fiancée de Michel . .	GIRARD.

EXILÉS, PAYSANS, PAYSANNES, TARTARES, HABITANTS DE MOSCOU,
VILLAGEOISES, ETC.

La scène se passe, au premier acte, à Sosko, en Sibérie; au deuxième acte, dans des montagnes, près de Tobolsk; au troisième acte, à Moscou, dans une auberge.

Notes essentielles.

D'après les traités internationaux relatifs à la propriété littéraire, on ne peut représenter ou traduire cette pièce à l'étranger sans l'autorisation des auteurs, ni la réimprimer sans l'autorisation des auteurs et des éditeurs.

S'adresser pour tout ce qui concerne la mise en scène, l'indication des costumes, etc., à M. Auzou, régisseur du Théâtre-Lyrique.

ACTE I.

Le théâtre représente une pauvre cabane construite en bois. Portes au fond et de côté; un escalier conduisant à d'autres chambres; une fenêtre au fond élevée de quelques pieds du sol. Tables et sièges grossiers.

SCÈNE I.

LA COMTESSE, MARIE, FEMMES D'EXILÉS. (*La Comtesse est assise et paraît plongée dans la tristesse.*)

INTRODUCTION.

CHŒUR.

Dans la froide Sibérie,
Si loin de notre patrie,
Faut-il passer notre vie?
Ciel, apaise ton courroux,
Fais qu'enfin notre exil cesse,
Qu'un beau jour pour nous renaisse;
Le malheur qui nous oppresse,
Trop longtemps pesa sur nous!

MARIE, *s'approchant de la comtesse.*

Pourquoi, ma bonne maîtresse,
Aux soucis, à la tristesse
Vous abandonner ainsi?

LA COMTESSE.

Hélas! je tremble sans cesse,
Quand mon père est loin d'ici;
La chasse trop loin l'entraîne!..

MARIE, *écoutant.*

Tenez, calmez votre peine,
Je les entends, les voici!

CHŒUR.

Ils reviennent, les voici!

SCÈNE II.

LES MÊMES, LE COMTE, EXILÉS, *revenant de la chasse.*

CHŒUR DES CHASSEURS.

Dans l'aride plaine,
La forêt lointaine.

ÉLISABETH

Notre chasse est vaine;
Un destin maudit
Partout nous poursuit!

LES FEMMES.

Qu'ici l'espérance
Renaisse en vos cœurs,
Et de la souffrance
Calme les rigueurs!

LA COMTESSE, à *Alexis*.

Mais notre Élisabeth, cette chère compagne,
Vous l'avez emmenée, et je ne la vois pas?

LE COMTE.

Elle nous a quittés, là-bas, sur la montagne,
Pour voler plus tôt dans tes bras.

MARIE, *avec inquiétude*.

Où donc est-elle?

LA COMTESSE.

Terreur nouvelle!

CHŒUR DES CHASSEURS.

Ah! comptez sur notre zèle,
Nous courons au-devant d'elle...
Et bientôt, nous le jurons,
Nous vous la ramènerons!

(*Ils sortent vivement. Le comte va pour les suivre, mais en voyant la crainte qui s'est emparée de sa fille, il s'arrête.*)

LE COMTE, *à la comtesse*.

CAVATINE.

Que ton âme se rassure,
Et bannisse la terreur,
A chacun le ciel mesure
Une part dans la douleur.
Si cette fille chérie,
Hélas! nous était ravie,
Il faudrait quitter la vie,
Après un si grand malheur.

LES CHASSEURS, *en dehors*.

La voilà!

LE COMTE, *s'élançant au fond*.

La voilà!

SCÈNE III.

LES MÊMES, LES CHASSEURS, puis ÉLISABETH.

CHŒUR DES CHASSEURS.

Elle vient... elle est là...
La voilà!.. la voilà!..

ÉLISABETH, (*Elle entre avec gaieté, elle tient un fusil à la main.*)

AIR.

Calmez vos alarmes
Et point de courroux;
Moment plein de charmes,
Je suis près de vous!
(*à Marie.*)
Pardon, ma bonne mère,
Loin de notre chaumière,
La chasse, tout là-bas,
Vient d'entraîner mes pas...
Par moi les daims rapides
Et les chevreuils timides,
Quoique des plus adroits,
Sont tous mis aux abois.
Ah! pour moi, cette chasse,
Non, jamais ne me lasse...
Aller, chasser, courir,
Oui, voilà mon plaisir!..
(*A part.*)
Un espoir m'enflamme,
Un devoir réclame
De toute mon âme
La force et l'ardeur!
Ciel, en toi j'espère,
Entends ma prière!..
(*Montrant le comte.*)
Finis la misère
Qui brise son cœur.

TOUS.

Dans cette chaumière,
Plus de crainte amère,
Famille si chère,
Rassure ton cœur!..

(*Les exilés et les femmes se retirent.*)

FIN DE L'INTRODUCTION.

SCÈNE IV.

LE COMTE, LA COMTESSE, ÉLISABETH, MARIE.

LE COMTE, *avec gaieté, à la comtesse.*

Eh bien! ma bonne Catherine, tes alarmes sont dissipées... la voilà, notre chère Élisabeth!

LA COMTESSE.

Oui, mais pour courir demain de nouveaux dangers.

ÉLISABETH, *souriant*.

Et lesquels? bon Dieu!... Chaque ravin, chaque précipice ne m'est-il pas familier? Ne suis-je pas née en Sibérie, sur la terre d'exil? D'ailleurs, les ennemis que je poursuis ne sont guère à craindre... des lièvres et des chevreuils...

MARIE.

Et, comme mademoiselle revient toujours avec un nombreux gibier, nos repas s'en ressentent, Dieu merci!

LE COMTE.

D'ailleurs, la chasse est un plaisir...

ÉLISABETH.

Enivrant!

LE COMTE.

Que ferions-nous, sans elle, ici, en Sibérie?

LA COMTESSE, *tristement, en allant s'asseoir*.

C'est vrai!... Voilà la seule distraction laissée aux pauvres exilés.

MARIE, *à la comtesse, d'un ton de reproche*.

Encore des plaintes, des soupirs...

LE COMTE.

Voyons, tu n'es pas raisonnable, bonne Catherine... imite-nous... prends ton mal en patience!

MARIE.

C'est vrai, mademoiselle.

LA COMTESSE.

Et toi aussi, pauvre nourrice, tu cherches à me consoler... Mais tu connais la misère qui nous entoure... Regarde cette habitation.

ÉLISABETH.

Eh bien! moi, je la préfère aux grands et vastes châteaux que vous habitiez, m'avez-vous dit, avant votre exil... Dans ces châteaux, quand on veut se revoir, il faut une heure pour traverser les cours et les galeries... tandis qu'ici, on ouvre une porte, et la main peut aussitôt presser une main amie.

LE COMTE.

Bien parlé, mon Élisabeth. (*Il fait un signe à Marie.*)

MARIE.

Je comprends, monsieur... l'heure du repas va sonner... Je vais m'occuper... Tenez, je veux me surpasser aujourd'hui; vous allez voir...

LE COMTE.

Vivat! ma bonne Marie.

MARIE, *sortant*.

Vous allez voir!

SCÈNE V.

LES MÊMES, excepté MARIE.

LE COMTE.

Bonne Marie! Elle a tout quitté pour nous suivre... jusqu'à son fils qu'elle aimait tant.

LA COMTESSE.

Et, comme nous, elle ne reverra pas sa patrie.

ÉLISABETH, *à la comtesse.*

Comment! tu crois que jamais...

LE COMTE.

Ah! mes adversaires sont trop adroits et trop puissants... Jaloux de mes dignités et de mon crédit à la cour, le grand maréchal du palais avait, depuis longtemps, juré de me perdre...

LA COMTESSE.

Le misérable! Supposer une correspondance; vous mettre sur la liste des conspirateurs!

LE COMTE.

Et il n'a été que trop bien secondé par le colonel Ivan... un de mes plus cruels ennemis.

ÉLISABETH.

D'ici il fallait écrire...

LE COMTE.

Mais, tu ne l'ignores pas... tout moyen de correspondance nous est sévèrement interdit.

ÉLISABETH.

Cependant, on pourrait tenter...

LE COMTE.

Non, ma belle et courageuse Élisabeth... Au surplus, vois... (*Montrant la comtesse*). Ce sujet de conversation affecte ta pauvre sœur... Tenez, allez aider la bonne Marie dans ses préparatifs. *Souriant*. Ici on se sert soi-même. (*Allant vers un buffet*). Bah! on n'est pas plus malheureux pour ça.

ÉLISABETH, *bas à la comtesse, pendant que le comte cherche dans le buffet.*

Mon Dieu! pourquoi cette tristesse? Imite sa résignation.

LA COMTESSE, *bas.*

Et toi aussi, tu crois à sa feinte gaieté... C'est pour soutenir notre courage! Mais, quand il est seul, les larmes, le désespoir...

ÉLISABETH, *bas, en lui serrant la main.*

Je le savais!..

LA COMTESSE, *bas*.

Oh! la douleur le tuera avant peu... Pauvre sœur... Nous aurons bientôt à pleurer notre père.

ÉLISABETH, *avec résolution*.

Peut-être...

LA COMTESSE, *avec étonnement*.

Comment?

LE COMTE, *redescendant en scène avec des flacons et des assiettes grossières*.

Voilà, mes enfants... prenez ceci...

ÉLISABETH, *à la comtesse*.

Viens-tu, Catherine?

LA COMTESSE.

Je te suis.

LE COMTE, *avec gaieté*

Et songez à nous faire faire un bon repas!.. Allez, allez, mes jolies ménagères. (*Elles sortent.*)

SCÈNE VI.

LE COMTE, *seul se jetant avec accablement sur un siége*.

Ah! cette gaieté!.. ce courage... aurai-je encore longtemps la force de les affecter... Sourire toujours, quand le désespoir est là, qui vous ronge le cœur...

ROMANCE.

Faut-il, hélas! sans espérance,
Faut-il, dans cet affreux pays,
Traîner une triste existence
Et voir toujours mes vœux trahis?
Grand Dieu! ta clémence m'oublie;
Ah! ranime un cœur désolé;
Rends-moi le ciel de ma patrie,
Pitié pour le pauvre exilé!..

2ᵉ COUPLET.

Pourtant, sur la terre étrangère,
L'exil et ses longues douleurs
Devraient désarmer la colère
De mes cruels persécuteurs!..
Grand Dieu, ta clémence m'oublie;
Ah! ranime un cœur désolé,
Rends-moi le ciel de ma patrie,
Pitié pour le pauvre exilé!..

(*A la fin du couplet, il retombe de nouveau sur un siège, la tête appuyée d'une main. Élisabeth paraît*

SCÈNE VII.
LE COMTE, ÉLISABETH.

ÉLISABETH, *entrant. (A part, en regardant le comte.)*

Pauvre père! Oh! le chagrin le tuera! Oui... il n'y a plus à hésiter, et mon projet...

LE COMTE, *apercevant Élisabeth et affectant tout à coup la tranquillité.*

Ah! c'est toi, Élisabeth! je ne t'avais pas aperçue... j'étais là... je réfléchissais.

ÉLISABETH, *avec bonté.*

A quoi, mon père?

LE COMTE, *embarrassé.*

Oh! mon Dieu! à la chasse de demain... aux occupations de la journée... Pardieu! cela m'y fait penser... en fait d'occupations, nous avons, aujourd'hui, négligé la plus agréable... celle qui te charme le plus, ma belle élève...

ÉLISABETH, *souriant.*

C'est vrai, monsieur mon professeur... Aussi, je venais tout exprès...

LE COMTE.

Vite, réparons le temps perdu... Voici nos cartes, nos livres. Ah! c'est une noble et belle science que la géographie; et tu as, depuis quelque temps, pour elle une aptitude...

ÉLISABETH, *s'asseyant à la table.*

Me voilà prête!

LE COMTE, *voulant retirer la carte sur laquelle Élisabeth jette les yeux.*

Non pas... non pas... Aujourd'hui, s'il te plaît, nous quitterons cette vilaine carte du nord... Cette triste Sibérie... Voyons l'Italie, la France...

ÉLISABETH.

Pardon... mes progrès ont été si lents;... et puis, je veux encore étudier cette route qui conduit d'ici à Moscou...

LE COMTE, *la regardant.*

Mais, quel intérêt?...

ÉLISABETH.

N'est-ce pas la route que nous aurons à parcourir lorsque l'exil aura cessé?

LE COMTE, *souriant avec amertume.*

Oui, lorsque l'exil aura cessé!...

ÉLISABETH.

Ainsi, du point où nous sommes jusqu'à Moscou?...

LE COMTE.

Neuf cents lieues !

ÉLISABETH, *appuyant sur les mots.*

Neuf cents lieues ! (*Regardant le comte.*) Et jamais un pauvre exilé n'a songé...

LE COMTE.

A franchir cette distance ? impossible, Élisabeth... Les convois militaires et les courriers du gouvernement peuvent seuls... Mais du doigt suis donc l'effroyable route.

ÉLISABETH, *avec intention.*

Oui, oui, rien ne m'échappe.

LE COMTE.

Voici des villages ; mais vois leur distance... Voici des fleuves, mais vois leur largeur... Pas d'auberges sur les routes : pas de ponts sur les rivières... Des bacs, quelquefois ; des gués, toujours : mais des gués qu'il faut connaître, ou, sinon, ils dévorent chevaux et voyageurs...

ÉLISABETH, *les yeux toujours fixés sur la carte.*

Ah ! voici Tobolsk... Puis les monts Ourals...

LE COMTE.

Vois ces immenses solitudes...

ÉLISABETH, *continuant.*

Peis, Mojaïsk... Nika...

LE COMTE.

Vois encore... des abîmes partout... des déserts toujours...

ÉLISABETH.

Ah ! Viatka !... enfin !... Moscou se rapproche..

LE COMTE.

Deux cents lieues encore séparent ces deux villes...

ÉLISABETH, *à part, quittant la table.*

Deux cents lieues ! Qu'est-ce que cela pour un cœur bien dévoué ?...

SCÈNE VIII.

LES MÊMES, MARIE.

MARIE.

Monsieur le comte, le souper est prêt.

LE COMTE.

Merci, bonne Marie... viens-tu ?

ÉLISABETH, *à Marie qui écoute à la porte du fond.*

Eh bien ! que fais-tu la ?

MARIE.
J'écoute s'il ne vient personne.
LE COMTE.
Qui attends-tu ?
MARIE.
Je vais vous dire... Tout à l'heure, de ma fenêtre, j'ai aperçu un traîneau traverser le village et s'arrêter chez le gouverneur... C'est un courrier impérial qui vient d'arriver... Qui sait ? Il est peut-être porteur de quelque bonne nouvelle.
ÉLISABETH, *au comte.*
Si c'était pour vous !...
LE COMTE.
Non, non... Bonne Marie, songe à nous bien servir... Viens Elisabeth !... *(Il sort avec Elisabeth.)*

SCÈNE IX.

MARIE, *seule.*

Ah ! quoi qu'en dise mon maître, moi, je vais parler à ce courrier... S'il n'est pas chargé de quelque heureux message pour M. le comte, peut-être, au moins, pourra-t-il me donner des nouvelles de mon fils, de mon petit Michel !... Non, non... je n'y tiens pas... Et, pendant qu'ils sont à table, je vais courir jusqu'au village... Je serai bientôt de retour...
(On entend frapper à la porte du fond.)

SCÈNE X.

MARIE, MICHEL.

CHANT.
MICHEL, *en dehors et frappant à la porte.*
Allons donc !... dépêchez... ouvrez vite !
MARIE, *écoutant.*
Quelle voix pour mon cœur ! il palpite...
MICHEL, *en dehors.*
Ouvrez donc !
MARIE, *avec transport, allant ouvrir.*
C'est Michel ! c'est mon fils !
MICHEL, *entrant.*
C'est moi, nous voilà réunis !
(Il se jette dans les bras de Marie).
MARIE.
Quoi ! c'est toi ?
MICHEL.
C'est moi !
MARIE.
Plus d'alarmes !

MICHEL.
Ah! pour moi quel instant plein de charmes!
Mes vœux enfin sont remplis!
MARIE.
Toi! mon fils, en Sibérie!
MICHEL.
Mère, ne t'alarme pas!
Si j'ai quitté la patrie,
C'est pour voler dans tes bras!

CAVATINE.

Toi, qui pris soin de mon enfance,
Ah! combien je te désirais!
De ton départ, de ton absence,
A chaque instant, je gémissais,
    Et, dans mes regrets,
      Je disais,
      Oui, je disais :
Si je pouvais revoir ma mère
Et la presser contre mon cœur,
Plus de chagrins pour moi sur terre,
Près de ma mère est le bonheur!
    O fortune cruelle!
    Quand son amour m'appelle,
    En de lointains climats,
    Guide, guide mes pas!
Car je voudrais revoir ma mère
Et la presser contre mon cœur.
Plus de chagrin pour moi sur terre,
Près de ma mère est le bonheur!
    Allons, vite en voyage!
    Je pars... et sans effroi!
    Partout, sur mon passage,
    Dangers autour de moi!
    J'affronte avec courage
    Le vent, la faim, le froid!
Mais le Ciel m'a pris en pitié,
Maintenant, j'ai tout oublié!...
En revoyant ma bonne mère,
En la pressant contre mon cœur,
Plus de chagrins pour moi sur terre,
Près de ma mère est le bonheur!

MARIE.
Mais en vérité, je n'en reviens pas!... Un voyage si long... Comment se fait-il?..
MICHEL.
C'est tout simple... depuis cinq ans nous étions séparés... et

dam! je brûlais de te revoir!... Mais, pour faire neuf cents lieues, il faut des chevaux, un équipage... et je n'avais pas un sou... Mon amour pour toi m'inspira une bonne idée... Appuyé par quelques protections, je me présentai à l'Intendance des postes, on m'accepta et je fus nommé courrier. J'espérais tous les jours qu'une mission me rapprocherait enfin de toi, mais pas du tout... Les premières années, c'était un vrai guignon, maman... Toujours sur les routes opposées à celle-ci! Enfin, le jour tant souhaité est arrivé!... Il y a deux mois, on me chargea de dépêches pour le gouverneur de cette province... Je partis... et je te laisse à penser si j'ai perdu du temps en route! j'ai battu tous les cochers!... et j'ai crevé plus de vingt chevaux!... Hein! tu vois si je t'aime!

MARIE.

Mon brave Michel, je te reconnais bien là!...

MICHEL.

Aussi, tout à l'heure, à mon arrivée... à peine ai-je pris le temps de remettre mes dépêches au gouverneur pour courir auprès de toi... Bonne maman, va!... tu n'es pas changée... C'est singulier comme le froid t'a conservée!

MARIE.

Pourtant, mon enfant, j'ai eu bien du chagrin d'être séparée de toi...

MICHEL.

Et moi donc, maman... Vois-tu, je crois que je serais mort de douleur si je ne m'étais pas fait une raison avec de l'hydromel... et mademoiselle Nizza...

MARIE.

Qu'est-ce que c'est que ça Nizza?

MICHEL.

La plus jolie petite cabaretière de Moscou. Voyant que je dépérissais d'ennui, on me conseilla d'avoir recours à la bouteille... Tous les soirs, j'allais au cabaret de Nizza, et comme j'avais un grand fonds de chagrin, j'étais devenu une fameuse pratique...

MARIE.

Et tu l'aimes, cette petite, mauvais sujet?

MICHEL.

Dam! maman, je me suis habitué à ses beaux yeux et à ses liqueurs... C'est toujours chez elle que je descends quand je reviens de mes courses... et, pour faire cesser la médisance... car ils commencent à faire des propos là-bas... je lui ai promis que je l'épouserais à mon retour! mais, avec votre permission, maman... et je te la demande officiellement, maman!...

MARIE.

Mon Dieu, mon garçon, je te la donne avec plaisir, si ça peut faire ton bonheur.

MICHEL.

Ça le fera, maman, ça le fera!...

SCÈNE XI.

LES MÊMES, LE COMTE, ELISABETH.

LE COMTE.

Eh bien! Marie, pourquoi n'es-tu pas venue?...

MARIE.

Pardon, monsieur, mais j'ai été si troublée... si joyeuse... L'arrivée de Michel...

LE COMTE.

Comment, ton fils!...

MARIE.

C'est lui-même... approche, mon garçon !

MICHEL, *saluant avec embarras.*

Monsieur le comte...

MARIE.

Salue aussi la fille de monsieur le comte, mademoiselle Elisabeth.

LE COMTE.

C'est toi, Michel!...

MARIE.

Ce cher enfant... il s'est fait courrier pour me revoir...

LE COMTE, *vivement.*

Dis-moi, sachant que tu venais ici, as-tu vu quelques-uns de mes amis? M'apportes-tu des nouvelles?

MICHEL.

Hélas! monsieur le comte, je n'ai rien de bon à vous apprendre... J'ai pris des informations... Vos amis n'ont jamais osé parler pour vous... Le grand maréchal est si puissant!... Il fait exiler tous ceux qui lui portent ombrage!... Ses créatures elles-mêmes ne sont pas à l'abri de ses persécutions... Tenez, le colonel Ivan, votre ennemi... il est aussi malheureux que vous!... plus malheureux!... car il a mérité son sort, celui-là... Je ne sais pas ce qu'il a fait au grand maréchal, mais voilà bientôt deux ans qu'il est tombé en disgrâce... On ne sait ce qu'il est devenu...

MARIE.

C'est bien fait! et personne ne le plaindra!...

LE COMTE.

Voyons, voyons, Marie, occupe-toi plutôt de ton fils !... il doit être fatigué...

MICHEL.

Ne faites pas attention, monsieur le comte; nous autres, nous sommes habitués... d'ailleurs, je n'aurai peut-être pas le temps de me reposer...

LE COMTE.

Comment ?...

MICHEL.

Oh ! mon Dieu ! d'un moment à l'autre je puis recevoir l'ordre...

MARIE, *avec chagrin.*

D'un moment à l'autre !...

MICHEL.

Que veux-tu, maman !... Le gouvernement ne consulte pas les affections, et, comme je le disais, d'un moment à l'autre le gouverneur... — Tiens, à propos de gouverneur... j'oubliais... (*au comte.*) Il m'a chargé de vous dire d'aller le trouver, ce soir même... Il veut vous remettre la petite somme que l'on accorde, chaque année, aux exilés...

LE COMTE.

J'y vais !

MICHEL.

Je vous suivrai, monsieur le comte.

ELISABETH, *qui est restée quelque temps à réfléchir, en regardant Michel, lui dit tout à coup à demi voix :*

Reste !

LE COMTE, *à Michel.*

Eh bien ! viens-tu ?

MICHEL, *embarrassé et regardant Elisabeth.*

Ah ! je voulais d'abord, mais je n'avais pas pensé... je vous rejoindrai, monsieur le comte.

LE COMTE.

C'est bien. (*à Elisabeth*), à tout à l'heure, mon enfant (*Il sort par le fond.*)

SCÈNE XII.

MICHEL, ELISABETH, MARIE.

MICHEL, *à part.*

Que peut-elle me vouloir ?

MARIE, *avançant un siège.*

Assieds-toi là, mon garçon, et moi à côté de toi.

MICHEL, *s'asseyant*.

C'est ça... Cristi !.. C'est fameusement bon d'être assis à côté de sa maman,... quand on est fatigué...

ÉLISABETH, *à Marie*.

Tu entends, Marie... Ce pauvre garçon doit avoir besoin de repos... Va vite préparer, là, cette petite chambre...

MICHEL.

Merci, mademoiselle, je n'ai pas sommeil...

MARIE.

Tant mieux ! tant mieux !...

ÉLISABETH, *bas à Michel*.

C'est pour rester seule avec toi.

MICHEL, *étonné*.

Ah !

MARIE.

Tu dis, mon garçon ?...

MICHEL, *tout intrigué, et sans quitter Elisabeth des yeux*.

Je dis, maman... que je n'ai pas sommeil, c'est vrai... mais ça n'empêche pas d'avoir envie de dormir...

ÉLISABETH.

Tu entends, Marie ?

MARIE.

J'y vais... j'y vais... Ce bon Michel, c'est qu'il a grandi tout de même !

MICHEL.

Pas beaucoup...

MARIE.

Et embelli !...

MICHEL, *avec satisfaction*.

Ah ! pour ça ! énormément !...

ÉLISABETH, *avec impatience*.

Mais va donc, Marie..

MARIE.

J'y vais, j'y vais... (*Elle sort par le côté.*)

SCÈNE XIII.

ELISABETH, MICHEL.

ÉLISABETH.

Enfin, nous voilà seuls... Michel, écoute-moi... Tu viens de dire que, d'un moment à l'autre, le gouverneur...

MICHEL.

Pourrait me donner l'ordre de repartir... C'est vrai.

ÉLISABETH.
Pour reprendre la route de Moscou...
MICHEL.
Probablement !
ÉLISABETH.
Eh bien ! quand tu recevras cet ordre, préviens-moi... en secret... je partirai... avec toi...
MICHEL, *effrayé*.
En plein hiver !... entreprendre une pareille route ! Mais ne savez-vous donc pas...
ÉLISABETH.
Je sais que la douleur tue... qu'avant un an, peut-être, nous aurions à pleurer mon père, ma pauvre sœur et moi ! Oui, oh ! oui... il faut que j'aille me jeter aux pieds du czar... il faut que j'obtienne la grâce de mon père.

DUO.
MICHEL.
Est-il vrai, mademoiselle,
Vous voulez quitter ces lieux ?
ÉLISABETH.
Du silence ! et que ton zèle,
En ce jour, comble mes vœux !
MICHEL.
Quel projet ? qu'allez-vous faire ?
Je ne puis y consentir !
ÉLISABETH.
Cède, ah ! cède à ma prière...
Avec toi je veux partir !
Songe à la tête si chère
Qu'à l'exil je dois ravir !
MICHEL.
Quel projet ? qu'allez-vous faire ?
Je ne puis y consentir !
A vos pleurs je suis sensible ;
Mais, de grâce, écoutez-moi...
Ce voyage est impossible
Et j'y pense avec effroi !
En vain l'espoir vous anime ;
Votre cœur doit le bannir.
Vous seriez, hélas ! victime,
Et sans pouvoir réussir...
ÉLISABETH.
Puisque ton cœur inexorable
En vain par moi fut imploré,
Dans le désespoir qui m'accable,
Pour accomplir un vœu sacré,
Seule, sans toi, je partirai !

MICHEL, *effrayé*.

Vous! seule, vous!

ÉLISABETH, *avec résolution*.

Seule je partirai!

MICHEL.

Seule!... eh bien! j'y consens! je vous emmènerai!

ÉLISABETH.

Tu consens?

MICHEL.

J'y consens.

ÉLISABETH.

Merci, mon Dieu! merci!

MICHEL.

Puis-je à tant de vertus ne pas céder ici!

STRETTA.

ÉLISABETH.

Dieu, sois mon guide,
Sois mon égide!
Faible et timide,
J'espère en toi!
En ta puissance
Je mets d'avance
Mon espérance,
Protége-moi!

MICHEL.

Dieu, sois son guide,
Sois son égide,
Son cœur timide
Espère en toi!
En ta puissance
Je mets d'avance
Mon espérance,
Protége-moi!

ÉLISABETH.

Ainsi, c'est convenu?

MICHEL.

Oui, c'est bien entendu!..

ÉLISABETH.

Ne vas pas me trahir!

MICHEL.

Je saurai vous servir!...

ENSEMBLE.

ÉLISABETH.

Dieu, sois mon guide,
Sois mon égide!
Faible et timide,

ACTE I.

J'espère en toi!
En ta puissance
Je mets d'avance
Mon espérance
Protége-moi!

MICHEL.

Dieu, sois son guide!
Sois son égide!
Son cœur timide
Espère en toi!
En ta puissance
Je mets d'avance
Mon espérance,
Protége-moi!

ÉLISABETH.

Michel, mon bon Michel, je peux compter sur toi.

MICHEL.

Oui, je vous servirai, j'en donne ici ma foi!
A demain, au revoir!

ÉLISABETH.

A demain, quel espoir!
A demain!

MICHEL.

A demain!

MARIE, *dans la coulisse.*

Michel! Michel!

SCÈNE XIV.

LES MÊMES, MARIE.

MARIE (*entrant une lampe à la main;*) *à Michel.*

Eh bien! mon garçon, viens donc... je t'ai préparé un fameux lit...

MICHEL.

Merci, maman.

MARIE.

Mais il faudra te lever demain de bonne heure... tu conçois... nous avons à causer, pour réparer le temps perdu.

MICHEL.

C'est ça, nous parlerons de Nizza... Je te ferai son portrait.. Figure-toi qu'elle a des yeux... tiens...grands comme ça... De plus...

MARIE, *le poussant vers sa chambre*

C'est bon, c'est bon, monsieur l'amoureux, nous parlerons de tout cela demain .. bonsoir!..

MICHEL, *prenant la lampe des mains de Marie.*
Bonsoir, maman ; bonsoir, mademoiselle.
MARIE.
Va, va, et ne fais pas de mauvais rêves.
MICHEL, *avec amour.*
Oh ! non, je vais penser à Nizza... bonsoir, maman. (*Il sort par le côté.*)

SCÈNE XV.

ELISABETH, MARIE, puis LE COMTE.

ÉLISABETH.
Viens, Marie, l'heure du repos a sonné pour tous.
MARIE.
Et monsieur le comte qui n'est pas encore rentré.
ÉLISABETH.
Le voici...
LE COMTE, *sans voir d'abord les autres personnages.*
Ce gouverneur ! avec quelle dureté il m'a remis cette faible somme.
ÉLISABETH, *allant à lui.*
Vous dites que le gouverneur ?
LE COMTE, *changeant de ton.*
Rien !... rien... Marie, cette lettre qu'on m'a remise pour ton fils...
MARIE, *prenant la lettre.*
Je vais la lui donner. (*Elle entre dans la chambre de Michel au moment où la comtesse paraît.*)

SCÈNE XVI.

LES MÊMES. LA COMTESSE, puis MARIE.

LA COMTESSE.
Il se fait tard..., l'heure de la prière a déjà sonné...
ÉLISABETH.
Mon père, en vous adressant à Dieu, appelez sur moi sa bénédiction.

CHANT.

LE COMTE.
O toi que j'encense,
Sainte Providence,
Divine puissance,
Comble tous mes vœux.

(*Montrant Élisabeth.*)

Accorde à cet ange
Bonheur sans mélange,
Que seul, en échange,
Je sois malheureux.
ÉLISABETH.
O toi que j'encense,
Sainte Providence,
Divine puissance,
Entends tous mes vœux !
Vois notre misère,
Que ma plainte amère,
O Dieu tutélaire,
Monte vers les cieux !
LA COMTESSE.
O toi que j'encense,
Sainte Providence,
Divine puissance,
Comble tous nos vœux !
MARIE, *qui a reparu.*
O toi que j'encense,
Sainte Providence,
Divine puissance,
Comble tous leurs vœux !

(*Sur la ritournelle finale du morceau, le comte va fermer la porte du fond à double tour, puis il prend une lumière et sort par le côté, suivi de la Comtesse. — Élisabeth et Marie se dirigent vers le fond et commencent à gravir les degrés de l'escalier de bois. — A ce moment, Michel paraît avec précaution à la porte de la chambre.*)

SCÈNE XVII.

ELISABETH, MARIE, MICHEL.

MICHEL, *à voix basse.*

Mamzelle ! mamzelle !

ÉLISABETH, *revenant en scène.*

Ah ! c'est toi, Michel.

MARIE.

Eh bien ! tu ne dors pas, mon garçon ?

MICHEL.

Dormir ! Ah ! ben oui ! il faut, avant, que je fasse huit cents lieues.

MARIE, *étonnée.*

Hein ? tu dis ?...

MICHEL

Je dis que j'attendais, là derrière la porte, que M. le comte fût parti pour dire à mamzelle que ce papier que l'on vient de me remettre...

ELISABETH.

Ce papier ?..

MICHEL.

C'est un ordre de départ... dans cinq minutes.. fouette postillon...

MARIE s'attendrissant.

Comment! mon pauvre garçon, déjà...

MICHEL.

Oh! tout de suite, maman...

ELISABETH, jetant un manteau sur ses épaules.

Viens, Michel, je suis prête!

MARIE.

Où allez-vous donc? bon Dieu!

ELISABETH.

A Moscou!

MARIE.

A Moscou!...

ELISABETH, avec élan.

Il faut que je voie le Czar.. Il faut que je lui demande grâce... il faut que j'obtienne justice.

MARIE.

Miséricorde!

FINALE.

ÉLISABETH.

Du silence! du mystère!..

MICHEL.

Voici l'instant du départ!..

MARIE.

Je frémis! qu'allez-vous faire?..

ÉLISABETH.

Partons vite, sans retard...

MARIE.

Arrêtez! c'est impossible!..

ÉLISABETH.

Du silence! Calme-toi!

MARIE.

Fuir ainsi!.. mais c'est horrible!

ÉLISABETH.

Ton Michel veille sur moi!

MARIE, à Michel.

Quoi! ton cœur a pu se rendre
A ses vœux?... Ah! qu'as-tu fait?

MICHEL.
Que veux-tu ? j'ai l'âme tendre...
Pauvre enfant, et e pleurait !
ÉLISABETH.
Je veux, bonne Marie,
Rendre au pauvre proscrit
Le ciel de sa patrie,
L'espoir qu'on lui ravit !..
MICHEL.
Ne tardons pas davantage...
ÉLISABETH, à Michel.
Me voilà. (A Marie.) Dépêche-toi :
Ce qu'il faut pour ce voyage...
MARIE, décrochant un manteau.
J'obéis bien malgré moi...
MICHEL, prenant le manteau des mains de Marie.
Ta lenteur me désespère...
Allons donc, ma bonne mère !..
MARIE.
Michel !.. imprudent ! tu vas...
ÉLISABETH,
Laisse... ne l'arrête pas !..

(Prenant le manteau des mains de Michel.)

Donne !
MARIE, étourdie et cherchant dans une armoire.
Mais il faut... Voilà...
Oui... Non... Où donc ?... Ah ! c'est ça...

(Elle donne à Michel des gants, un petit sac, etc.)

ÉLISABETH, devant l'escalier qui conduit à la chambre de son père.
Toi, mon seul amour sur terre,
Toi, qu'ennoblit la misère,
En fuyant cette chaumière,
Je veux finir tes malheurs !
MARIE, à Michel.
Ah ! je crains de grands malheurs !
Pourquoi céder à ses pleurs ?
MICHEL, à Marie.
Si je cède à sa douleur,
Ne t'en prends qu'à mon bon cœur !
ÉLISABETH, allant à la porte du fond qu'elle cherche en vain à ouvrir.
Dieu ! la porte !..

MARIE, avec joie.

Elle est fermée !

MICHEL, à Élisabeth.

Attendez !.. oui ! c'est cela...
Ne soyez pas alarmée...

(Il monte sur l'appui de la fenêtre et l'ouvre.)

Nous pourrons sortir par là !..

ÉLISABETH.

Mais je crains qu'on ne s'éveille ;
Viens, Michel, ne tardons pas.

MARIE.

Quelle audace sans pareille !

MICHEL.

Oui, pendant que l'on sommeille,
Loin d'ici portons nos pas !

(Il aide Élisabeth qui commence à monter sur l'appui de la fenêtre.)

MARIE, criant.

Ciel !

MICHEL.

Tais-toi !

ÉLISABETH.

Bonne Marie,
Sur le trésor de ma vie
Veille bien, je t'en supplie !

MICHEL.

Adieu, ma mère !

ÉLISABETH.

Adieu, partons !

MARIE, avec désespoir.

Adieu !

ÉLISABETH ET MICHEL.

Partons !

Élisabeth, soutenue par Michel est montée sur une table, et de là sur la croisée. Michel embrasse sa mère et s'élance pour suivre Élisabeth. — Marie tombe à genoux et lève les bras au ciel. — Le rideau baisse.

ACTE II.

Le théâtre représente un site montueux et sauvage. A gauche, l'entrée d'une pauvre chaumière ; du même côté, au troisième plan, un tertre élevé, recouvert d'une planche en forme de pierre tumulaire et surmonté d'une croix. Au cinquième plan, une rivière traversant le théâtre, dans laquelle tombe un torrent : sur ce torrent est jeté un pont de bois. Au delà de la rivière, des rochers et des collines, avec un chemin praticable. Au bord de la rivière, une barque est amarrée à un arbre.

SCÈNE I.

KISOLOFF, *portant un filet sur ses épaules et tenant un panier à la main, entrant par le fond.*

Saint Nicolas, mon patron, je te remercie, mon cher ami ; grâce à toi, le poisson a été fort gentil et, sans se faire prier, il est venu, tête baissée, dans mon filet... (*Regardant son panier.*) Il y en a bien là de sept à huit bonnes livres !... demain, c'est jour de marché au village voisin, je partirai de bonne heure, afin de ne pas faire de mauvaises rencontres ! ces coquins de soldats, ils ne se gêneraient pas pour me prendre mon poisson ou mon argent... Depuis que, sous prétexte de maintenir l'ordre dans le pays, ils occupent ce poste, qui est à un quart de lieue d'ici, ils nous grugent, ils nous pillent !... c'est une désolation !... pas de chef pour se plaindre... Le sergent Ourzack, qui les commande, est encore plus mal apprivoisé que les autres... (*Comptant sur ses doigts.*) Nous disons huit livres à trois kopecks, ça me rapportera...

SCÈNE II.

KISOLOFF, OURZACK.

OURZACK, *qui est entré sur les dernières paroles de Kisoloff, lui frappant sur l'épaule.*

Ça te rapportera... mon amitié.

KISOLOFF, *sautant avec peur.*

Le sergent Ourzak !

OURZAK.

Lui même !... dis donc... dis donc, Kisoloff, j'arrive à temps... (*Montrant le panier.*) Tu allais me faire tort de tout cela, toi?

KISOLOFF.

Comment, tort?

OURZAK.

Sans doute... est-ce que tu ne dois pas payer les soldats qui veillent sur tes propriétés, qui te protègent contre les voleurs? (*Il s'empare du panier.*)

KISOLOFF.

Les voleurs?.. depuis que vous êtes ici... il n'y en a plus!.. ils feraient de mauvaises affaires!.. Voyons, sergent, pas de bêtises... rendez-moi mon panier!..

OURZAK.

Silence!... Je te dis qu'il est convenable, qu'il est juste, que tu nous offres un plat de poisson, puisque nous sommes tes défenseurs.

KISOLOFF.

Sergent, ça devient trop fort... il n'y a plus moyen de vivre dans ce pays ci!... Tenez, depuis ma plus tendre enfance, je nourrissais une idée... Je voulais me choisir une compagne, pour ne pas laisser s'éteindre la race des Kisoloff!... il n'y a pas moyen...

OURZAK.

Eh bien! qui t'empêche?...

KISOLOFF.

Qui m'empêche?... Cherchez donc une fille dans le pays!.. depuis votre arrivée, les parents les ont fait déguerpir...

OURZAK.

C'est vrai!... c'est bien ce qui m'enrage!...

KISOLOFF.

Et il y en aurait encore des jeunes filles, que je me garderais bien de m'unir...

OURZAK.

Pourquoi ça?

KISOLOFF.

Parce qu'il en serait de ma femme comme de mes poissons et de mes canards... pauvres petites bêtes!.. je les élevais... je les mijotais pour moi... et c'est vous qui les avez mangées!!

OURZAK.

Ah ça! voyons... Je n'ai pas de temps à perdre... écoute!... Je vais aller réunir mes hommes, que j'ai envoyés à droite et à gauche...

KISOLOFF.

Oui, pour protéger les propriétés...

OURZAK.

Tiens, Kisoloff! (*Lui rendant le panier qu'il reprend avec joie.*)

Dans une heure nous reviendrons... songes-y (*Montrant le panier*). Tu vas nous accommoder cela bien gentiment.

KISOLOFF, *se récoltant*.

Ah! il faut aussi que je fournisse la sauce!... non, non, non... cent fois non!

OURZAK.

Ah! tu fais le mutin!... attends, attends... je vais t'apprendre... (*Il s'élance sur Kisoloff qui recule.*)

SCÈNE III.

LES MÊMES, IVAN.

IVAN, *sortant de sa cabane à gauche et se plaçant entre eux*.

(*A Oursak.*) Allons, allons, camarade... pourquoi maltraiter ce pauvre diable?...

OURZAK, *rudement*.

De quoi te mêles-tu?... Je fais ce qui me plaît. — Dis donc, Ivan, tu te crois encore colonel... à la tête de ton régiment... ça n'est plus ça!... n'oublie pas que tu devrais être au fond de la Sibérie, et que c'est par charité qu'on te laisse habiter cette cabane... Ta fille, qui t'accompagnait, n'a pas pu aller plus loin... elle est restée là, sous cette tombe de bois. (*Il montre le tombeau*)... Tu as demandé, en pleurant, à ne pas quitter ces lieux... on te l'a permis;... sois reconnaissant et tais-toi!

IVAN.

Assez! malheureux! assez!

COUPLETS.

1.

Oui, je devais à ma naissance
Un rang, des titres, de l'éclat;
J'ai gagné, par quelque vaillance,
Mes grades dans plus d'un combat;
Ces titres que le monde honore,
L'exil a pu me les ôter;
Mais il me reste un titre encore,
C'est le malheur; sache le respecter!

2.

Je commandais, jadis, en maître;
Chacun s'empressait à ma voix!
Du pouvoir j'abusai peut-être;...
Et Dieu me courbe sous ses lois.
Ces titres que le monde honore,
L'exil a pu me les ôter;
Mais il me reste un titre encore,
C'est le malheur; sache le respecter!

OURZAK

C'est bon ! Ourzak connaît son devoir.

KISOLOFF, à part.

Ah ! si on avait du courage !...

OURZAK, à Kisoloff.

Quant à toi, songe à ce que je t'ai dit... dans une heure, que tout soit prêt, ou sinon, tu auras des nouvelles d'Ourzak ! (Il sort par la droite.)

SCÈNE IV.

IVAN, KISOLOFF.

KISOLOFF, menaçant Ourzak qui a disparu.

Brutal, va ! que tu me traites comme ça, moi, pauvre pêcheur, passe encore... (montrant Ivan) mais lui... qui a été riche, noble, colonel ! Dire qu'il ne respecte rien !... Cosaque !

IVAN.

Va, mon ami; songe plutôt à contenter le sergent.

KISOLOFF.

Oui, mais, pour lui préparer son poisson, il me faut courir au village afin de me procurer les objets nécessaires... courir, c'est le mot. (Regardant au fond.) Notre satané torrent, que je suis obligé de traverser, pourrait bien grossir d'un moment à l'autre... Il ne se gêne pas... et quelque chose me dit qu'aujourd'hui...

IVAN.

Va donc ! va donc !...

KISOLOFF.

Oui, monsieur Ivan ;... ah ! brutal de sergent... Je vais le préparer, ton poisson ; mais d'une drôle de manière... si tu m'en redemandes une autre fois, c'est que tu n'auras pas le palais délicat... (Il sort par le côté.)

SCÈNE V.

IVAN, puis ELISABETH.

(Musique à l'orchestre. — Ivan va s'agenouiller près de la tombe de sa fille. — On voit paraître Elisabeth sur la montagne au fond. Elle se traîne avec effort à travers les rochers. Ivan se relève, l'aperçoit et la regarde avec pitié — Elisabeth traverse le petit pont de bois sur le torrent et arrive en scène. Elle chancelle une fois encore, Ivan court à elle, la soutient et la conduit jusqu'à un banc grossier sur lequel Elisabeth tombe épuisée de fatigue.)

IVAN.

Oh ! mon Dieu ! pauvre jeune fille !...

ÉLISABETH, *d'une voix faible.*

Merci, monsieur, merci!...

IVAN.

Vous me remerciez, malheureuse enfant! Mais je n'ai rien fait!... (*Secouant la tête avec chagrin.*) Que puis-je pour vous secourir, moi?

ÉLISABETH.

Quelque repos sur ce banc, et je pourrai continuer...

IVAN.

Vous venez du Nord, à ce que je vois..

ÉLISABETH.

Je viens de Samka...

IVAN.

Bonté divine! une aussi longue route!... Et vous avez osé l'entreprendre à pied! seule!

ÉLISABETH.

Oh! non... j'avais un compagnon de voyage... un courrier impérial... un défenseur... le malheureux!...

IVAN, *avec intérêt.*

Il a péri?...

ÉLISABETH.

Hélas!... tout me le dit?... nous traversions en traîneau les monts Ourals...

IVAN.

A quelques journées de marche d'ici... là où la neige est éternelle.

ÉLISABETH.

Depuis notre départ de Samka, le temps nous avait protégés; mais, une fois engagés dans ces horribles montagnes, la tempête s'est fait entendre, nous n'avons eu que le temps de jeter un cri, d'implorer Dieu!... et puis... je me suis réveillée... J'étais sur le bord d'un précipice. La peur, le froid m'ont saisie... J'appelai.. je criai... personne!... Je suis restée un jour entier à chercher... rien!... rien!... mon pauvre compagnon de route... disparu!... mort sans doute!...

IVAN.

Peut-être, mon enfant!... souvent les avalanches entraînent chevaux et voyageurs, pour les jeter bien loin sur la route; mais, souvent aussi, l'épaisseur de la neige vient préserver les malheureux...

ÉLISABETH.

Oh! non, Michel m'aurait répondu...

IVAN.

Et vous vous êtes remise en route?

3.

ÉLISABETH.

En me traînant jusqu'ici... j'ai rencontré de misérables cabanes... Oh! bien éloignées les unes des autres...

IVAN.

Et dans ces cabanes, rien!... rien!... rarement un secours...

ÉLISABETH.

Oh! j'ai bien souvent éprouvé la faim!...

IVAN.

Oh! mon Dieu!... et moi qui ne songeais pas!... (*Faisant un pas vers la cabane.*) Je vais!...

ÉLISABETH.

Non... en ce moment, le repos seul m'était nécessaire...

IVAN.

Bien!... bien!... quelques jours passés ici...

ÉLISABETH, *se levant*.

Quelques jours!... oh! non, il faut que je reparte...

IVAN.

Mais cela est impossible... et, pour peu que vous ayez encore une longue route à parcourir...

ÉLISABETH.

Je vais d'abord à Moscou...

IVAN.

A Moscou!... mais savez-vous bien qu'il vous reste encore plus de quatre cents lieues à faire.

ÉLISABETH.

Oui, mais, là bas, ma récompense... toutes les souffrances ne seront-elles pas oubliées quand la voix du czar aura prononcé la grâce de mon père.

IVAN, *vivement*.

Votre père! son nom?...

ÉLISABETH.

Alexis Vaninkoff.

IVAN, *avec terreur*.

Alexis Vaninkoff!... oh! mon Dieu!...

DUO.

IVAN, *à part*.
Se peut-il! fatal moment!
Ah! pour moi quel châtiment!
Encore une victime
De mon égarement!

ACTE II.

Et Dieu punit mon crime
Par un nouveau tourment !
Dangers, regrets, alarmes,
Un sort affreux, cruel...
Mes maux, mes cris, mes larmes,
N'ont pu fléchir le Ciel !

ÉLISABETH, *avec intérêt.*

Le chagrin brise ton cœur...
Mais pourquoi tant de douleur ?
Il faut, hélas ! sur terre,
Il faut savoir souffrir ;
Un Dieu nous dit : Espère,
Espère en l'avenir !...
Tu vois, moi, faible femme,
Je dois remplir un vœu ;
Je souffre et pour mon âme,
Le seul espoir, c'est Dieu !

IVAN.

Pour moi plus d'espérance,
Je suis, je suis maudit !...

ÉLISABETH.

Hélas ! quelle démence !
Malheureux ! qu'as-tu dit ?

IVAN.

Oh ! vois ma peine amère !
Lâche persécuteur,
C'est moi qui de ton père,
Seul, ai fait le malheur !

ÉLISABETH.

Se peut-il ?... Il s'égare !...

(*Frappée d'une idée.*)

Ivan,... Serait-ce toi ?...

IVAN.

C'est moi !

ÉLISABETH.

Oh ! Ciel !

IVAN.

Oui, ce barbare,
A tes pieds tu le vois !

ÉLISABETH, *reculant avec horreur.*

Laisse-moi !

IVAN.

Je t'implore...
Arrête un seul instant ! !

ÉLISABETH.
Je veux fuir...
IVAN.
Reste encore!
ÉLISABETH.
Je frémis!
IVAN.
Chère enfant!
Que ton cœur me pardonne!
Mon malheur est si grand!..
ÉLISABETH.
Ce pardon... Dieu le donne
A l'homme repentant!..
IVAN.
Je veux de toi-même
Tenir ce bonheur,
Détruis l'anathème
Qui ronge mon cœur!
Détruis l'anathème
Qui ronge mon cœur!...
ÉLISABETH.
Bien grand fut ton crime...
Tu fis mon malheur...
(Étendant la main vers Ivan.)
Eh bien! la victime
Absout l'oppresseur!..
Ivan, la victime
Absout l'oppresseur!..
(On entend une marche dans le lointain.)
IVAN, avec effroi.
Mais quel bruit!..
ÉLISABETH.
Qui t'agite?
IVAN.
Les soldats!.. Cache-toi vite!
ÉLISABETH.
Mais pourquoi dois-je les fuir?
IVAN.
Ah! pour toi je dois frémir!
ÉLISABETH.
Mais alors...
IVAN.
Que ma chaumière
Te dérobe à tous les yeux...

ACTE II.

ÉLISABETH

En toi seul ici j'espère...
Sauve-moi d'un sort affreux!

IVAN.

O fille si tendre,
Le Ciel doit m'entendre,
Je veux te défendre,
Sauver ton honneur!..
Et, pour ta misère,
Ma pauvre chaumière
Sera, je l'espère,
Un toit protecteur!..

ÉLISABETH

Le Ciel doit m'entendre!..
Un père bien tendre
De moi doit attendre
Retour au bonheur!..
Et, pour ma misère,
Ta pauvre chaumière
Sera, je l'espère,
Un toit protecteur!

IVAN.

Les voilà!.. Silence!..
Courage et prudence!..
Calme ton effroi...
Je veille sur toi!..

(Il la conduit vers la gauche.)

ENSEMBLE.

ÉLISABETH.	IVAN.
Le Ciel doit m'entendre.	O fille si tendre
Un père bien tendre,	Le Ciel doit m'entendre
De moi doit attendre	Je veux te défendre
Retour au bonheur!..	Sauver ton honneur!..
Et, pour ma misère,	Et, pour ta misère,
Ta pauvre chaumière	Ma pauvre chaumière
Sera, je l'espère,	Sera, je l'espère,
Un toit protecteur!..	Un toit protecteur!..

(Ourzak paraît au fond. Ivan et Élisabeth entrent dans la cabane à gauche, sans avoir été aperçus par lui.)

SCÈNE VI.

OURZAK, puis LES SOLDATS TARTARES.

(Les uns sont chargés de bouteilles, d'autres de paniers de provisions, etc.)

OURZAK, *à la cantonade.*

Allons, camarades!.. allons... par ici... Arrivez donc vite!.. Oh! les maudits traînards!

TOUS, *paraissant.*

Nous voilà, sergent, nous voilà!..

OURZAK.

C'est bien heureux... voyons, la récolte a-t-elle été bonne?..

TOUS, *montrant ce qu'ils portent.*

Tenez, sergent...

OURZAK.

C'est bon!.. nous voilà approvisionnés pour toute la semaine... reposons-nous et buvons, en attendant le déjeûner que je vous ai fait préparer... c'est moi qui régale, et ça ne me coûte pas cher... buvons!..

TOUS.

Buvons!.. *(Ils débouchent des bouteilles et boivent à même.)*

OURZAK ET LE CHOEUR.

Pour nous, heureux destin!
Sans crainte et sans chagrin,
Nous avons, ce matin,
Trouvé riche butin!..
A nous les biens de tous,
A nous, à nous, à nous!

OURZAK.

Amis, souvent l'amour
Nous donne un heureux jour;
Fillette au frais minois,
Il faut subir nos lois!..
Ton cœur, tes yeux si doux,
A nous, à nous, à nous!

TOUS. *(Reprise.)*

Pour nous, heureux destin! etc.

OURZAK.

Mais le déjeûner se fait bien attendre... *(Allant au fond et appelant.)* Hé! Kisoloff!.. pêcheur maudit!.. personne!.. Il est peut-être chez Ivan. (Se dirigeant vers la cabane d'Ivan.) Mordieu! je vais bien voir... *(Au moment où il va pour entrer chez Ivan, on entend au dehors la voix de Kisoloff.)*

SCÈNE VII.

LES MÊMES, MICHEL, KISOLOFF

KISOLOFF, *entrant, et à Michel qui le suit.*

Par ici, par ici, monsieur... nous devons trouver de ce côté... (*Apercevant Ourzak.*) Tiens, justement, le v'là le sergent Ourzak...

OURZAK, *avec rudesse.*

Que voulez-vous ?

MICHEL.

Vous commandez dans le district, à ce que m'a dit cet homme ?

OURZAK.

Il a dit vrai, je suis le maître ici !...

KISOLOFF, *à part.*

Malheureusement !

MICHEL.

Eh bien ! donnez des ordres... il me faut une voiture de paysan, des chevaux pour pouvoir continuer ma route et gagner les prochains relais de poste... allez !

OURZAK.

Le sergent Ourzak n'est ici aux ordres de personne !.. d'ailleurs, il n'y a ici, ni voiture ni chevaux !

MICHEL, *ouvrant son manteau.*

Pas même pour un courrier impérial ?

OURZAK, *à part.*

Diable !.. rang d'officier !.. (*Haut.*) Pardon, je me souviens à présent...

KISOLOFF, *à Michel.*

Oui, le sergent Ourzak manque quelquefois de mémoire.

OURZAK.

C'est vrai !.. j'avais oublié... il y a un charriot, des chevaux dans le village... on peut les prendre.

KISOLOFF, *à part.*

Et si le propriétaire veut être payé, (*Faisant le geste de battre quelqu'un.*) Voilà !.. et sans marchander !

MICHEL, *à Ourzak.*

Dépêchons !..

OURZAK.

A l'instant ; je vais vous faire accompagner par un de mes hommes, monsieur le courrier... (*Pendant qu'Ourzak paraît donner des ordres à un soldat, Jean ouvre avec précaution la porte de sa cabane.*)

SCÈNE VIII.

LES MÊMES, IVAN.

IVAN, *à part.*

Un courrier! mon Dieu!.. serait-ce... (*Bas à Michel en s'approchant de lui.*) Vous vous nommez Michel?..

MICHEL.

Oui.

IVAN.

Ah! c'est un coup du ciel!

MICHEL.

Que voulez-vous dire?..

IVAN.

Cette jeune fille, perdue dans les montagnes...

MICHEL, *avec émotion.*

Elisabeth!

IVAN.

Je l'ai recueillie... elle est là.

MICHEL, *avec transport, courant vers la demeure d'Ivan et appelant.*

Elisabeth!.. Elisabeth!..

OURZAK, *se retournant et à part.*

Une femme!...

IVAN, *à part en montrant Michel.*

Imprudent!

SCÈNE IX.

LES MÊMES, ELISABETH.

ELISABETH, *accourant et apercevant Michel.*

Michel!..

MICHEL, *avec élan.*

C'est vous! enfin!

OURZAK, *bas à un soldat.*

Hé! la petite est jolie!..

MICHEL, *à Elisabeth.*

C'est vous!.. mon Dieu!.. vous ai-je cherchée dans ces horribles montagnes!..

ÉLISABETH.

Mais, moi-même, j'appelais...

IVAN.

Et comment s'entendre, lorsque le vent souffle et que la tempête mugit!..

MICHEL.

J'ai quitté les montagnes, le désespoir dans le cœur; car je ne pensais pas... (*Changeant de ton.*) Mais ne parlons plus de ça... je vous ai retrouvée !

OURZAK, *bas au soldat.*

Laisse-moi faire, te dis-je !..

ÉLISABETH, *à Michel.*

Nous allons partir, n'est-ce pas ?

KISOLOFF, *à part, avec amour.*

Partir !.. c'est dommage !

ÉLISABETH.

Viens, mon bon Michel.

OURZAK, *qui a tout observé, s'avançant.*

Attendez donc... vous êtes le courrier Michel ?

MICHEL.

Oui, Michel Dailoff.

OURZAK.

Diable !.. c'est que le sous-intendant des Postes Impériales...

MICHEL.

Le comte Labensky...

OURZAK.

Lui-même... ce matin, il a passé en toute hâte dans le village... et m'a fait appeler..: Sergent Ourzak, m'a-t-il dit, fais bonne garde sur la route... D'un moment à l'autre, doit passer ici le courrier Michel Dailoff.. Dès que tu auras vu ce courrier, tu lui donneras, de ma part, l'ordre de prendre aussitôt la route d'Odessa.

MICHEL, *abasourdi.*

Hein ?

OURZAK, *continuant.*

Il s'arrêtera à vingt lieues d'ici, dans la ville de Samensky ; et, là, il attendra des dépêches bien importantes pour le gouverneur d'Odessa.

MICHEL.

Suivre une autre route !... abandonner mademoiselle !...

IVAN, *prenant la main de Michel.*

Tu ne le feras pas, mon brave courrier ?... Quels nouveaux et terribles dangers n'aurait-elle pas à courir !...

MICHEL.

Oh ! jamais !... jamais !...

OURZAK.

Eh bien ! mordieu ! puisque c'est votre idée, continuez votre route ensemble, et au diable le comte Labensky !... On peut bien risquer le plus cruel châtiment, quand il s'agit de protéger une belle fille...

4

ÉLISABETH, *comme frappée des paroles d'Ourzak.*
Le plus cruel châtiment !...
MICHEL.
Eh ! que m'importe !...
OURZAK.
Pardieu ! le Knout... on n'en meurt pas toujours.
ÉLISABETH, *effrayée.*
Oh ! mon Dieu !...
MICHEL, *avec résolution, à Élisabeth.*
Eh bien ! qu'on me frappe, qu'on me tue, je vous aurai sauvée !...
IVAN, *lui prenant la main.*
Bien ! bien ! Michel !...
OURZAK.
Mais alors, hâtez-vous de partir !...
MICHEL.
Oui, vous avez raison !... Venez, mademoiselle...
ÉLISABETH.
Non, Michel, non !.. je partirai !... mais sans toi... Je ne peux plus abuser d'un pareil dévouement... Tu as une mère à laquelle tu dois songer... Elle me maudirait si je la privais de son fils !...
IVAN.
Quoi ! vous voulez ?...
ÉLISABETH.
Je veux qu'il échappe au cruel châtiment qui l'attendrait.
MICHEL, *insistant.*
Mamselle...
ÉLISABETH, *avec fermeté.*
Pars ! te dis-je... car je n'accepterai pas un pareil sacrifice !.. Je le jure par mon père... je le jure par Dieu qui m'entend !...
MICHEL, *avec douleur.*
Ah ! qu'exigez-vous !.. mamselle... mamselle !...

ROMANCE.

1.

Je suis bien humble sur la terre,
Mais pour un si beau dévoûment,
Chaque jour ma vive prière
Montera vers le Tout-Puissant !
A vous mes vœux et ma pensée,
Malgré le sort qui vous poursuit,
Achevez l'œuvre commencée,
O noble fille du proscrit !

ACTE II.

DEUXIÈME COUPLET.

Le Ciel, à votre long voyage,
Doit un rayon consolateur ;
Et votre généreux courage
Va fléchir enfin sa rigueur !
A vous mes vœux et ma pensée !
Malgré le sort qui vous poursuit,
Achevez l'œuvre commencée,
O noble fille du proscrit !

(*Sur la ritournelle du morceau précédent, Michel tombe aux genoux d'Élisabeth, lui baise les mains, puis, faisant un violent effort, il s'éloigne vivement, suivi par un des soldats d'Ourzak et par Kisoloff.*)

SCÈNE IX.

Les mêmes, excepté MICHEL et KISOLOFF.

OURZAK, *suivant Michel des yeux et en à part, pendant qu'Élisabeth et Jean font encore des gestes d'adieu à Michel.*

Bien !... il s'éloigne sans défiance.... il tourne les rochers... la voix de cette jeune fille ne peut plus arriver jusqu'à lui... (*A haute voix, en redescendant la scène avec les soldats.*) Victoire !... la belle est à nous !... (*S'approchant d'Élisabeth qui revient en scène.*) Vous entendez, la belle enfant ?

ÉLISABETH, *effrayée, reculant.*

Mais, messieurs ..

OURZAK

Allons, allons, avec de si beaux yeux, on doit avoir l'âme tendre... (*Il veut saisir Élisabeth.*)

IVAN, *s'emparant d'une carabine qui est à l'entrée de sa cabane.*

Misérables ! le premier qui s'avise !... (*Il les couche en joue.*)

OURZAK.

Ah ! tu menaces !... (*Tirant son sabre.*) Camarades... à mort !

TOUS.

A mort !

MORCEAU D'ENSEMBLE.

LES SOLDATS, *levant leurs sabres sur Jean.*

Frappons !

ÉLISABETH.

Dieu qui m'entend
Par ma voix le défend !...

(*Elle détache la croix qu'elle portait à son cou et la suspend au-dessus de la tête d'Ivan, que les soldats ont presque terrassé.*)

LES SOLDATS, *reculant avec respect.*
Sur lui cette croix sainte!...
OURZAK, *baissant la tête.*
Qu'il vive!...

ÉLISABETH.
Ah! plus de crainte!

LES SOLDATS.
La pitié dans mon cœur
Succède à la fureur!

OURZAK
Ma rage cesse.
Tant de jeunesse,
Tant de noblesse,
Charment mon cœur!

ÉLISABETH, *montrant Jean.*
Leur rage cesse;
Pour sa faiblesse,
Pour sa vieillesse,
Plus de rigueur!

IVAN.
Leur rage cesse.
Tant de jeunesse,
Tant de noblesse,
Charment mon cœur!

(*A la fin de l'ensemble, les soldats s'éloignent avec respect, à l'exception d'Ourzak qui se tient au fond et observe.*)

IVAN.

Maintenant, Élisabeth... hâtez-vous... Pour gagner la route de Moscou, il vous faut traverser le torrent... et voyez... il grossit... Dans un instant peut-être il ne serait plus temps!

ÉLISABETH.
Dieu me protégera... il me fera parvenir jusqu'au czar.

IVAN.

Écoutez!... votre voix ne le fléchirait pas... On l'entoure... On le trompe... Le grand maréchal a tant d'intérêt;... Mais le souverain connaîtra enfin la vérité...(*Tirant un écrit de son sein.*) Élisabeth... prenez ces lignes que je viens de tracer... moi, l'accusateur d'Alexis Vaninkoff, je le justifie!..

ÉLISABETH, *avec joie, prenant le papier.*

Ah! je vous dois plus que la vie... adieu!

OURZAK, *s'avançant.*

Pardon, mademoiselle, mais Ivan n'ignore pas qu'à un proscrit il est défendu d'écrire. Ma consigne...

(*La nuit commence à venir. — Musique à l'orchestre jusqu'à la fin de l'acte.*)

ÉLISABETH.

Mais, sans ce billet, mon voyage, mes souffrances... tout cela serait inutile...

IVAN, *avec prière.*

Laisse-lui accomplir sa mission !...

OURZAK.

Impossible ! Mes ordres sont formels,... il y va de ma tête !

ÉLISABETH.

Mais c'est la vie que tu me demandes !..

OURZAK, *durement.*

La loi parle... il faut obéir...

ÉLISABETH.

Cet écrit... c'est la vie de mon père...

OURZAK.

Eh bien ! puisqu'il le faut... (*Il s'élance vers Elisabeth pour lui arracher l'écrit.*)

ÉLISABETH.

A moi !... au secours !...

(*Nuit complète.*)

IVAN, *à Elisabeth.*

Fuyez !... fuyez !...

(*Il se place entre Elisabeth et Ourzak. Elisabeth continue à courir vers le pont du torrent.*)

OURZAK, *à Ivan.*

Ivan, livre-moi passage !

IVAN.

Oh ! je saurai la défendre !...

OURZAK, *la main sur son poignard.*

Ivan ! prends garde !... (*Jetant un coup d'œil rapide sur un sentier qui peut le conduire de l'autre côté du pont qu'Elisabeth doit traverser.*) Ah ! par là !... (*Il s'élance.*)

IVAN, *voyant le mouvement d'Ourzak.*

Oh ! le misérable ! (*Il le poursuit. Au moment où Ourzak arrive sur le pont que va traverser Elisabeth, le pont s'écroule et entraîne Ourzack dans le torrent. Mouvement de stupeur d'Ivan et d'Elisabeth. L'inondation, à ce moment, a gagné toute la hauteur des rochers.*)

ÉLISABETH.

Mais où fuir !... l'inondation !... la mort partout !...

IVAN.

Oh ! je la sauverai... ah ! là bas, cette barque... (*Il disparait par le côté.*)

ÉLISABETH, *fuyant devant l'inondation et s'accrochant aux aspérités des rochers, parvient à gagner le tombeau de la fille d'Ivan.*

Mon Dieu!... mon Dieu! protégez-moi!...

IVAN, *reparaissant dans une barque.*

Me voilà!... du courage!...

(*A ce moment, la barque, entraînée par le torrent, tourbillonne et s'engloutit dans l'abîme, Ivan disparaît en jetant un cri terrible; l'eau a tout envahi et soulevé la tombe de bois sur laquelle Elisabeth a cherché un refuge. Celle-ci embrasse la croix qui surmonte le tombeau et lève les yeux au ciel, en implorant Dieu. Le rideau baisse.*)

ACTE III.

Dans un faubourg de Moscou. Une auberge sur le bord d'un lac. Le fond est ouvert sur ce lac, qui est gelé. — Au lever du rideau, patineurs, traîneaux sur la glace. — Sur le devant du théâtre, buveurs attablés.

SCÈNE I.

PAYSANS, PAYSANNES, GENS DU PEUPLE, MARCHANDS, puis LE COMTE, *déguisé en vieux marchand colporteur; ensuite* NIZZA.

CHOEUR GÉNÉRAL.

Sachons tous saisir
  Le court plaisir
  Qui vient s'offrir!..
Que bientôt la danse
Pour nous tous commence!
  Vive la bombance!
Mangeons notre argent!
Courte est l'existence,
Passons-la gaiement!
  La, la, la, la!
  Filles et garçons,
    Allons,
    Chantons!
Que bientôt la danse
Pour nous tous commence!
    Allons,
    Rions!
    Buvons,
    Chantons!

ACTE III.

LE COMTE, *déguisé en vieux marchand, portant une petite cassette.*

AIR.

Venez, mes jeunes filles,
Auprès du vieux marchand;
Pour vous rendre gentilles,
Voyez tout ce qu'il vend :
　　Dentelles
　　Des plus belles,
Bracelets de velours,
Bijoux, chaînes nouvelles
Qui fixent les amours!
Voici le vieux marchand.
Voyez, voyez tout ce qu'il vend!

(*Quelques jeunes filles achètent différents objets et s'éloignent.*)

LE COMTE, *à part, regardant de tous côtés.*

Faut-il donc que je désespère
De retrouver l'enfant si chère
Dont l'absence a brisé mon cœur?
Et c'est pour moi qu'elle est partie,
Pour moi qu'elle a risqué sa vie!
Ah! sans elle plus de bonheur!

(*Quelques hommes passent et semblent examiner le comte.*)

Mais on m'observe, on me regarde...
　　Si j'étais reconnu,
　　Ah! je serais perdu!..

(*Reprenant les allures de colporteur.*)

Venez, mes jeunes filles,
Auprès du vieux marchand.
Pour vous rendre gentilles,
Voyez tout ce qu'il vend :
　　Dentelles
　　Des plus belles,
Bracelets de velours,
Bijoux, chaînes nouvelles
Qui fixent les amours!
Voici le vieux marchand.
Voyez, voyez tout ce qu'il vend!

(*Il est entouré par les jeunes filles; mais, remarquant qu'il est toujours observé par quelques hommes, il rentre vivement dans l'intérieur de l'auberge.*)

REPRISE DU CHŒUR *du lever du rideau.*

Sachons tous saisir, etc.

BALLET.

(*Le ballet est tout à coup interrompu par le son d'une cloche d'a-*

larme. La musique prend un caractère agitato. — Toute la
foule qui était sur le lac reflue vivement sur le devant du
théâtre.)

NIZZA, *parlé sur la musique.*

Allons, bon ! voilà les cloches qui annoncent le dégel... Jolie
affaire pour mon auberge, qui est sur les bords du lac !

REPRISE DU CHOEUR.

Sachons tous saisir, etc.

(Ils sortent tous par différents côtés. Des garçons de l'auberge
ferment le fond par de grands battants.)

SCÈNE II.

NIZZA, puis MICHEL.

NIZZA, *seule, avec chagrin.*

C'est ça... voilà toutes mes pratiques qui filent comme une
volée de pigeons... je suis seule à présent... toute seule... C'est
à peine si je vois M. Michel, mon fiancé...

MICHEL, *entrant et avec distraction.*

Bonjour Nizza.

NIZZA, *d'un air piqué.*

Ah ! vous voilà... c'est bien heureux !

MICHEL.

Qu'as-tu donc ?

NIZZA.

Ce que j'ai ?.. c'est naturel... après un an d'absence, vous
revenez, il y a deux jours, et à peine si on vous voit ! Vous
êtes à courir par la ville, ou bien vous restez enfermé là...
dans cette chambre, auprès de ce vieux marchand que vous
avez installé chez moi.

MICHEL.

Dam ! chacun a ses petites affaires...

NIZZA.

Ta, ta, ta, la plus importante pour vous, ça doit être notre
mariage... Il y a assez longtemps que ça traîne !..

MICHEL.

Ecoute donc .. on ne se marie pas comme ça, sans faire des
réflexions... dans mon état surtout.

RONDEAU.

Je suis courrier,
De mon métier.
Et, pour me marier,
Il me faut du courage !

ACTE III.

Nizza, vois-tu,
Je crois à la vertu,
Mais dans le mariage,
Pour l'époux qui voyage,
Il est un accident
Qui devient trop fréquent !

Bien loin de toi que mon état m'entraîne,...
D'abord, je crois, tu seras fort en peine.
Tu me diras : « Mon mari,
Mon chéri,
Reviens bientôt pour calmer mon ennui !»
C'est très-bien jusqu'ici...
Mais, me voilà parti !..
Certain galant, d'avance,
Qui guettait mon absence,
Pour calmer ta souffrance,
Vient, en consolateur...
Il te dit : « O ma belle,
Votre peine est cruelle...
Fiez-vous à mon zèle
Pour bannir la douleur...»
D'abord, on le repousse;
Mais sa voix est si douce
Que le chagrin s'émousse,
Hélas! sans grands délais;
Par une attaque vive,
A son but il arrive...
Quand, moi, j'arrive à peine à mon premier relais!

Je suis courrier,
De mon métier,
Et pour me marier,
Il me faut du courage!
Nizza, vois-tu,
Je crois à la vertu;
Mais, dans le mariage,
Pour l'époux qui voyage,
Il est est un accident
Qui devient trop fréquent !

NIZZA.

C'est ça! encore des délais... *(Sanglottant.)* Ah! mon Dieu! que je suis malheureuse !

MICHEL.

Allons, Nizza, pas de larmes!.. écoute!.. cette fois, si je retarde encore le jour des noces, c'est bien malgré moi... il m'en coûte... *(Regardant la porte à droite.)* Mais j'ai des raisons... des raisons puissantes.

NIZZA.

Toujours la même chose...

MICHEL.

Je t'assure...

NIZZA.

Mais on les dit ses raisons...

MICHEL.

Eh bien ! tu vas tout savoir !.. Cet étranger, ce vieux marchand qui est là... *avec mystère.* C'est le comte Vaninkoff !.. c'est un exilé !..

NIZZA.

Un exilé !.. et il a osé...

MICHEL.

Ah ! le motif le plus honorable, le plus saint l'a conduit ici... il cherche sa fille...

NIZZA.

Sa fille !...

MICHEL.

Pauvre enfant ! qui a quitté la terre d'exil pour venir implorer la grâce de son père bassement calomnié !...

NIZZA.

Eh bien ! qu'il la demande, sa grâce... qu'il profite d'une heureuse circonstance... Les fêtes du mariage du grand duc... le frère de notre souverain... On le dit bon, généreux...

MICHEL.

Avant tout, ne faut-il pas que nous retrouvions cette chère enfant... cette noble Elisabeth ?... jusque-là, vois-tu, point d'espoir pour lui... ni pour moi... pas de bonheur... pas de mariage.

NIZZA.

Eh bien ! c'est gentil pour Nizza... toujours attendre !... Il va falloir que j'aille décommander mon voile de noce !

MICHEL.

Mais non, Nizza... tu en auras besoin plus tard...

NIZZA.

Par exemple ! Il se fanerait dans l'armoire... Il aurait l'air d'avoir déjà servi... et, quand une jeune fille se marie, elle ne doit avoir que du neuf... Allons, je vais de ce pas donner contre-ordre à la lingère !... *Présentant la main à Michel qui est distrait et regarde toujours la porte de la chambre où est le comte.* Au revoir, monsieur... Voyez comme vous êtes peu aimable... pas le moindre mot d'amitié... le plus petit baiser... Au moins, ça me ferait prendre patience.

MICHEL, *l'embrassant.*

Tiens ! voilà pour les intérêts...

SIZZA, *avec un soupir.*

Il faut bien s'en contenter !... Adieu, monsieur... adieu !... (*Elle sort.*)

SCÈNE III.

MICHEL, puis LE COMTE.

MICHEL.

Me voilà seul !... (*Allant à la porte de droite et frappant.*) C'est moi ! c'est moi !...

LE COMTE, *paraissant.*

Eh bien ! mon ami... m'apportes-tu quelques nouvelles ? mon Elisabeth !... que peut-elle être devenue ? que d'inquiétude depuis sa fuite !... Enfin... j'ai tout bravé pour courir sur ses traces... et, chaque jour, sous ce déguisement... Mais toutes mes recherches sont vaines... Ah ! ma pauvre Elisabeth... perdue !... elle est perdue !...

MICHEL.

Non... quelque chose me dit qu'elle existe...

LE COMTE.

Comment ?

MICHEL, *avec mystère.*

Voilà... j'ai appris par un ancien camarade à moi... un assez mauvais sujet aux gages du grand maréchal...

LE COMTE.

Mon implacable ennemi !...

MICHEL.

Eh bien !... Ce camarade, aidé d'une vingtaine de bandits comme lui, a reçu l'ordre de guetter, aux portes de la ville, une jeune fille dont le signalement lui a été donné... c'est celui de votre fille. Le grand maréchal ne veut pas qu'elle arrive jusqu'au souverain...

LE COMTE.

Malheureuse enfant !...

MICHEL.

Mais soyez tranquille... mes mesures sont prises... et je vais de ce pas...

LE COMTE.

Je te suis...

MICHEL.

Non !... car on vous surveille... On a des soupçons... laissez-moi faire... Bon espoir, monsieur le comte, bon espoir !... Eh mordieu ! s'ils sont vingt bandits, nous serons la quarante honnêtes gens... A bientôt, monsieur le comte, à bientôt !... (*Il sort vivement.*)

SCÈNE IV.

LE COMTE, seul.

Brave garçon!... Voilà maintenant mon seul appui, mon seul protecteur!... Et moi, forcé de rester ici... caché!... quand mon enfant... Ah!... (*Il se laisse tomber sur un siége, près de la table avec accablement, la tête dans les mains.*)

SCÈNE V.

LE COMTE, ELISABETH.

ÉLISABETH, *qui a entr'ouvert une porte de côté, à gauche entre vivement et la referme.*

Sauvée!... sauvée!... ils ont perdu mes traces... Mais bientôt peut-être... (*Apercevant le comte.*) Ah! quelqu'un! (*S'approchant.*) Monsieur...

LE COMTE, *levant la tête.*

Elisabeth!...

ÉLISABETH, *s'élançant vers lui.*

Mon père!...

DUO.

ÉLISABETH.
Mon père!

LE COMTE *la serrant dans ses bras.*
C'est bien toi!

ÉLISABETH, *avec transport.*
Enfin! je vous revoi!

LE COMTE.
Sur mon cœur que je te presse!
Ah! quel instant plein d'ivresse!
Oui! maintenant je puis mourir!

ÉLISABETH.
Vivez, vivez pour me chérir!

LE COMTE.
Ange descendu sur la terre,
Fille à mon cœur toujours si chère,
Pour toi, pour toi que puis-je faire?
Ah! l'exilé ne peut que te bénir!

ÉLISABETH.
Vivez, vivez pour me chérir!

LE COMTE.
Mais mon exil?...

ÉLISABETH.
Plus d'absence!

Ah ! d'heureux jours luiront pour vous ;
Bientôt, bientôt votre innocence
Doit éclater aux yeux de tous !

LE COMTE.

Mais que dis-tu?.. dans ma patrie,
Quoi ! je pourrais finir mes jours !
Et c'est à toi, fille chérie,
Que je devrais un tel secours !..

ÉLISABETH.

Un écrit qui vous justifie,
   Par Ivan me fut remis...
   Il confond la calomnie,
   Et flétrit vos ennemis !..

LE COMTE.

Quoi, c'est Ivan ?

ÉLISABETH.

          Ivan lui-même ..

LE COMTE.

Ivan, mon cruel oppresseur !

ÉLISABETH.

Touché par ma douleur extrême,
C'est Ivan qui vous rend l'honneur ;
En mourant, il vous rend l'honneur !

CABALETTA.

LE COMTE.

Ah ! Dans ma patrie,
Mon âme flétrie
Renaît à la vie ;
Quel doux avenir !
Pays que j'adore,
Ah ! j'espère encore,
Oui, j'espère encore
Pouvoir te servir !

ÉLISABETH.

Ah ! dans sa patrie !
Son âme flétrie
Renaît à la vie ;
Quel doux avenir !
Pays qu'il adore,
Il espère encore
Pouvoir te servir !

ÉLISABETH.

Oui, mon père, oui...; vous serez justifié grâce à cet écrit que le pauvre Ivan m'a donné.. Ah ! il a bien expié son crime...

LE COMTE.

Cet écrit !... Que je le voie !... Que je puisse le lire !... (*Nizza paraît à la porte du fond, suivie de deux garçons d'auberge.*) Viens ! viens !... là, nous serons en sureté...

(*Le comte et Elisabeth entrent dans la chambre à droite.*)

SCÈNE VI.
NIZZA, puis ELISABETH.

NIZZA, *aux deux valets qui sont restés en dehors.*

Oui !... oui !... vous pouvez vous en aller... je n'ai plus besoin de vous... (*S'avançant en scène.*) Là,... j'ai décommandé mon voile de noce... Me voilà bien gaie pour les fêtes qui se préparent en l'honneur du mariage du grand duc... et, pourtant, le czar veut que tous ses sujets soient heureux et contents... Il a même chargé le grand maréchal de s'informer lui-même des peines que chacun pourrait avoir... Et le grand maréchal, habillé en simple officier, va, dit-on, chez les plus pauvres... Eh bien ! s'il venait ici... (*Elisabeth reparaît*) il verrait que je n'obéis guère aux ordres du czar...

ÉLISABETH, *vivement, frappée par ces dernières paroles.*

Du czar !... Dites-moi... est-il un moyen d'arriver jusqu'à lui ?...

NIZZA.

Oh ! oh ! non ! il n'y a pas moyen !... Cependant avec des protections... En avez-vous ?...

ÉLISABETH, *soupirant.*

Hélas !...

NIZZA.

Eh bien ! ni moi non plus... en fait d'employés du gouvernement, je ne connais personne... Ah ! mais si... mais si... mon fiancé... le courrier Michel...

ÉLISABETH, *vivement.*

Michel, dites-vous, votre fiancé ?... vous êtes Nizza !...

NIZZA.

Mais, alors, vous êtes cette jeune fille qu'il cherche depuis si longtemps... Elisabeth ?...

ÉLISABETH.

Oui...

NIZZA.

Ah ! quel bonheur !... Tenez, tenez, mademoiselle... (*Lui*

ACTE III.   51

montrant la table.) Mettez-vous là... écrivez !... un beau placet au prince... Et sur son passage...

ÉLISABETH, *se plaçant à la table.*

Bien !... bien !... (*Elle se met à écrire.*)

NIZZA, *à part.*

Puisque la voilà retrouvée, je retrouve aussi mon mari... Ce n'est pas sans peine...

COUPLETS.

Assez de soupirs !
Vivent les plaisirs !
Heureux mariage,
Dès demain m'engage !
On nous unira,
Puis l'on dansera,
Et chacun criera :
Pour Michel, houra !
  Houra
    Pour Nizza !
  Houra !
  Houra !

DEUXIÈME COUPLET.

Quand on a vingt ans,
Dam ! il est bien temps ;...
Moi, j'ai le cœur tendre,
Je ne puis attendre...
Enfin, m'y voilà !
On nous unira,
Et chacun criera
Pour Michel, houra !
  Houra
    Pour Nizza !
  Houra !
  Houra !

(*Elle danse sur la ritournelle.*)

Ah ! maintenant j'obéis joliment aux ordres de sa Majesté, qui veut que tous ses sujets soient contents !...

SCÈNE VII.

LES MÊMES, UN OFFICIER.

L'OFFICIER.

C'est son vœu le plus cher, ma belle enfant !...

SIZZA, un peu interdite.

Pardon... excuse... monsieur... (à part.) C'est le grand maréchal, c'est sûr!...

L'OFFICIER.

Ne vous troublez point... comme vous le disiez, sa Majesté désire que tous ses sujets soient heureux!

SIZZA.

Eh bien! dam!... quant à moi, ça tombe à merveille... mais (montrant Elisabeth.) voilà une jeune fille qui aurait grand besoin d'un peu d'aide et de protection.

L'OFFICIER, à Elisabeth.

Approchez, mon enfant, approchez!... vous paraissez étrangère à ce pays?... D'où venez-vous?...

ÉLISABETH.

De Samka...

L'OFFICIER.

De Samka... en Sibérie!.. et ce voyage... comment l'avez-vous fait?..

ÉLISABETH.

A pied.

L'OFFICIER.

A pied!

ÉLISABETH.

Pour parler au czar...

(L'officier fait un mouvement.)

SIZZA.

Pauvre jeune fille!.. mais on n'approche pas ainsi de Sa Majesté... et je crains...

ÉLISABETH, avec douleur.

Ah! mon Dieu!..

SIZZA, vivement et en montrant l'officier.

A moins pourtant que monsieur...

L'OFFICIER.

Oui, je suis de service aujourd'hui au château... et, si vous voulez me confier le sujet de vos réclamations...

ÉLISABETH, montrant un papier.

Cet écrit bien précieux pour moi... si le czar le lisait...

L'OFFICIER.

Donnez, mon enfant!

ÉLISABETH.

Oh! non!.. à lui-même...

L'OFFICIER.

Soyez sûre qu'il le lira...

ACTE III.

NIZZA, *à Elisabeth.*

Sans doute... croyez-moi... ayez confiance... vous ne pouviez mieux vous adresser... Monsieur est bon, généreux... et tout puissant...

ÉLISABETH, *les regardant tous deux.*

Vous ne voudriez pas me tromper?..

NIZZA.

Un pareil soupçon!..

L'OFFICIER, *à Elisabeth.*

Donnez, mon enfant!.. donnez...

ÉLISABETH, *remettant l'écrit.*

Tenez! monsieur... je vous livre plus que ma vie...

NIZZA, *prenant Elisabeth à part, pendant que l'officier lit le papier, en manifestant une vive agitation.*

Oh! maintenant l'affaire est en bon chemin... j'en suis sûre... et la preuve, c'est que je vais chercher ma parure de noce... (*Elle sort.*)

SCÈNE VIII.

ELISABETH, L'OFFICIER.

L'OFFICIER, *à part.*

Qu'ai-je lu!... Si cet écrit était tombé en d'autres mains... (*Haut à Elisabeth.*) Ainsi, mademoiselle, vous êtes la fille du comte Vaninkoff?

ÉLISABETH.

Oui, monsieur!..

L'OFFICIER.

Et votre père... il y a longtemps que vous ne l'avez vu?.. (*lui serrant*) que vous ne l'avez embrassé?..

ÉLISABETH, *avec crainte, jetant un coup d'œil sur la porte à droite.*

Monsieur!..

L'OFFICIER, *à part.*

Les rapports ne m'ont point trompé... il est ici!..

ÉLISABETH, *avec angoisse.*

Monsieur, monsieur... Vous ne me répondez pas... Oh! faites que je parle bien vite à Sa Majesté... que j'obtienne la grâce de mon père!..

L'OFFICIER.

Je retourne au palais, et croyez que le czar saura bientôt...

ÉLISABETH.

Ah! monsieur... ma reconnaissance...

L'OFFICIER.

Au revoir, mon enfant, au revoir!.. attendez!.. ici... et bientôt vous recevrez de mes nouvelles... au revoir... (*Il se dirige vers le côté et disparaît un instant, mais presque aussitôt revient à la porte et observe.*)

ÉLISABETH, *croyant l'officier sorti, frappant à la porte de la chambre où est le comte.*

Mon père! mon père!..

L'OFFICIER, *à part, en voyant le comte paraître.*

C'est bien lui!.. (*Il disparaît vivement.*)

SCÈNE IX.

ELISABETH, LE COMTE, MICHEL, NIZZA.

MICHEL, *entrant à Nizza.*

Que dis-tu, Nizza?.. Elisabeth!... elle est ici!..

LE COMTE.

Oui, mon ami!.. maintenant plus de craintes... grâce à son généreux dévouement, je vais être entièrement justifié. Ivan, lui-même, lui a remis un écrit qui prouve mon innocence...

MICHEL.

Que je suis heureux!

NIZZA.

Et moi donc!.. car voilà toutes les choses arrangées... Plus d'obstacle à notre mariage... et je vais tout disposer...

MICHEL.

Sans doute... mais cet écrit... il faut chercher les moyens de le faire parvenir au czar...

ÉLISABETH.

Rassurez-vous...

NIZZA, *d'un petit air important.*

Oui, oui, nous nous en sommes déjà occupées... il est en bonnes mains... Par mes conseils, mademoiselle l'a remis à un officier qui était tout à l'heure ici...

MICHEL, *et le* COMTE, *avec inquiétude.*

Un officier!..

NIZZA.

C'est-à-dire un grand seigneur... déguisé en officier... Il a bien promis de s'intéresser à mademoiselle... (*Elle se dispose à sortir.*)

MICHEL, *l'arrêtant.*

Mais enfin, cet officier, ce seigneur... qui est-il?..

NIZZA, *sortant par le fond.*

Le grand maréchal... rien que ça...

SCÈNE X.

LE COMTE, ELISABETH, MICHEL.

TRIO.

ENSEMBLE.

Oh! ciel!.. le maréchal!.. l'ai-je bien entendu?

LE COMTE.

ENSEMBLE {
Mon ennemi! je suis perdu!

ÉLISABETH.

Notre ennemi! tout est perdu!

MICHEL.

Leur ennemi! tout est perdu!
}

ÉLISABETH, *avec désespoir.*

Et c'est moi, fatale imprudence,
Qui viens de livrer cet écrit!
Cet écrit, la seule espérance
Qui restait au pauvre proscrit!

MICHEL, *à part.*

Il va périr! de leur vengeance
Rien ne pourra le préserver...

ÉLISABETH, *au comte.*

Moi, je vous livre à leur vengeance,
Quand j'ai tout fait pour vous sauver!

LE COMTE, *à Élisabeth.*

Que ton courage se ranime...
Allons, enfant, console-toi!
   Le destin m'opprime...
   Subissons sa loi!..
   Et laissons au crime
   La plainte et l'effroi!

ÉLISABETH.

   Ah! tout mon courage
   M'abandonne ici...
   Et contre leur rage
   Il n'a plus d'appui...

MICHEL.

   Faut-il qu'il périsse,
   Hélas! aujourd'hui?..
   Comment au supplice
   L'arracher ici!

(*Haut vivement comme frappée d'une idée.*)

Écoutez-moi!..

ÉLISABETH.

     Que veux-tu faire?

MICHEL.
Ce crime affreux ne s'accomplira pas !
ÉLISABETH.
Explique-toi…
MICHEL.
De votre père
Vous n'aurez point à pleurer le trépas.
ÉLISABETH.
Dieu ! quel espoir !.. Ah ! parle vite !..
MICHEL, *au comte.*
Il faut, par une prompte fuite,
Echapper à vos ennemis…
ÉLISABETH, *vivement.*
Oh ! oui… partez !..
LE COMTE.
Mais je ne puis
Me dérober à leur poursuite ;
Car, tous mes pas seront suivis !
MICHEL.
Ne craignez rien… voici mon brevet de courrier ;
Vous allez, grâce à ce papier,
Echapper à toute poursuite…
Comme courrier, vous voyagerez vite…
ÉLISABETH, *à Michel.*
Mon ami !.. Quel heureux secours !
LE COMTE, *à Michel.*
Mais pour moi tu risques tes jours…
Si l'on apprend…
MICHEL, *avec insouciance.*
Ne craignez rien
Pour moi, je m'arrangerai bien,
De la prudence et du mystère !..
Allons, allons, il faut partir…
A leur vengeance, à leur colère,
Ce moyen seul peut vous ravir !
LE COMTE.
De la prudence et du mystère !..
Allons, allons, il faut partir…
A leur vengeance, à leur colère,
Ce moyen seul peut me ravir !
ÉLISABETH, *à Michel.*
De la prudence et du mystère !..
Allons, allons, il faut partir…
A leur vengeance, à leur colère,
Ce moyen seul peut le ravir !

(Ils se dirigent vers la porte du fond et s'arrêtent tout à coup. On entend au dehors quelques mesures d'une marche militaire.)

LE COMTE.

Entendez-vous ?

ÉLISABETH.

Dieu ! je frémis !

MICHEL, prêtant l'oreille. (La marche s'éloigne.)

Ah ! je respire !... ils sont partis !..

REPRISE.

ENSEMBLE.

De la prudence et du mystère !..
Allons, allons, il faut partir...
A leur vengeance, à leur colère,
Ce moyen seul peut vous ravir !

LE COMTE.

De la prudence et du mystère !..
Allons, allons, il faut partir...
A leur vengeance, à leur colère,
Ce moyen seul peut me ravir !

ÉLISABETH, à Michel.

De la prudence et du mystère !..
Allons, allons, il faut partir...
A leur vengeance, à leur colère,
Ce moyen seul peut le ravir !

MICHEL.

Venez ! (Il ouvre la porte du fond, on aperçoit deux sentinelles qui s'opposent à leur passage. — Musique à l'orchestre pendant le dialogue qui suit.)

SCÈNE XI.

LES MÊMES, NIZZA.

NIZZA, entrant avec crainte par le côté.

Comment !... des barques qui s'avancent sur le lac... et la maison entourée de soldats !.. Qu'est-ce que cela veut dire ?

MICHEL, avec colère.

Ça veut dire... que tu nous a perdus par ton bavardage... ton imprudence !!

NIZZA.

Que dites-vous ?

MICHEL.

Cet écrit... grâce à toi... il est maintenant entre les mains de leur ennemi, le grand maréchal. Tu le vois. M. le comte va être arrêté... tout est fini... Ah ! malheureuse ! malheureuse !.. qu'as-tu fait ?

SUZA.

Ah! mon Dieu! (A part.) Allons! il est dit que je ne me marierai pas...

(Musique militaire au dehors.)

ÉLISABETH.

On vient!.. nous sommes perdus!

(Tout le fond du théâtre s'ouvre et l'on aperçoit sur le lac une barque richement pavoisée. L'officier, qui a déjà paru et qui est le grand duc lui-même, descend de l'embarcation, suivi d'un nombreux cortége d'officiers et de pages.)

SCÈNE XII.

LES MÊMES, LE GRAND DUC, en brillant costume, OFFICIERS, SUITE.

MICHEL (parlé, sur la musique.)

Le prince!

ÉLISABETH, se jetant aux pieds du grand duc.

Grâce!.. grâce!

TOUS.

Grâce!

LE PRINCE à Elisabeth, avec élan.

Vous!... demander grâce!.. c'est justice qui vous est due! Relevez-vous, noble fille!... Comte Alexis Vaninkoff, au nom de notre souverain, au nom de mon frère, reprenez vos titres, vos dignités!.. et venez occuper auprès du trône une place dont votre calomniateur a trop longtemps abusé!..

TOUS.

(Reprise du chant.)

O clémence! ô grandeur!
Quel jour de bonheur!

LE COMTE, avec joie.

Ah! dans ma patrie,
Mon âme ravie
Renaît à la vie.
Quel doux avenir!
Pays que j'adore,
Ah! j'espère encore,
Oui j'espère encore
Pouvoir te servir!

ÉLISABETH et tous les personnages.

Ah! dans sa patrie,
Son âme ravie

Rendu à la vie.
Quel doux avenir !
Pays qu'il adore,
Il espère encore
Pouvoir te servir !

(Le grand duc serre la main du comte. — Elisabeth s'incline devant le prince qu'elle remercie encore. — Tous les officiers les entourent. — Le rideau baisse.)

FIN.

AVIS.

MM. les Directeurs de province sont priés de s'adresser directement à M. Arsène, régisseur du Théâtre-Lyrique, pour l'indication des costumes qui ont été dessinés avec le plus grand soin. — L'effet de décoration du final du deuxième acte peut être très-simplifié, et une note sur la partition indiquera ce moyen.

BUREAUX A PARIS, RUE GRÉTRY, 31.

LA
FRANCE MUSICALE

17ᵉ ANNÉE.

52 NUMÉROS PAR AN.

Paris, 24 fr. — Départements, 26 fr. — Étranger, 30 fr.

Il n'y a pas en Europe de journal de musique plus répandu que la *France musicale*. Ses critiques, ses théories, ses travaux historiques, ses nombreuses correspondances dans toutes les parties du monde et l'exactitude de ses nouvelles lui ont donné une autorité qui est à bon droit et universellement reconnue.
La valeur incontestée de ses publications musicales et la réputation des concerts que la *France musicale* donne à ses abonnés, lui ont fait une place à part, au milieu des nombreux journaux de la même spécialité qui paraissent en France, en Italie, en Angleterre, en Allemagne, en Espagne, en Belgique et en Amérique.

F. CHOPIN
PAR F. LISTZ.

Prix : 3 francs.

SOUS PRESSE :

G. ROSSINI
SA VIE ET SES ŒUVRES

PAR LES FRÈRES ESCUDIER.

1 vol. in-12.

Prix : 3 fr. 50 c.

PARIS. — IMPRIMERIE J. CLAYE 20H, RUE DE LA BOURSE, 4.